LA

VÉRITÉ A TOUS

PAR

M. DE LAROCHEFOUCAULD, DUC DE DOUDEAUVILLE.

50 CENTIMES

AU PROFIT DES PAUVRES.

PARIS

LIBRAIRIE DE GARNIER FRÈRES,

6, RUE DES SAINTS-PÈRES, ET PALAIS-ROYAL, 215.

1858.

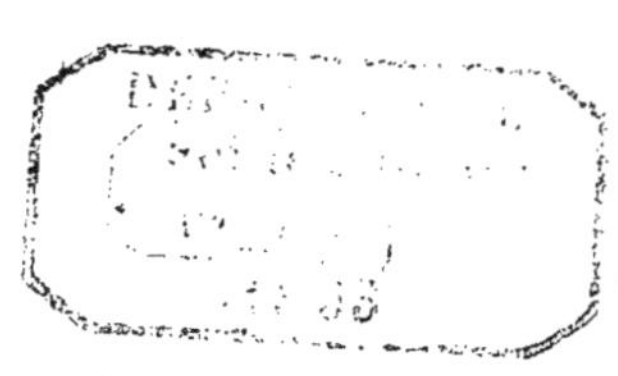

LA

VÉRITÉ A TOUS.

VERSAILLES. — IMPRIMERIE BEAU JEUNE,

Rue de l'Orangerie, n⁰ 36.

LETTRE

QUI A PARU DANS *LA GAZETTE DE FRANCE*,

QUELQUES JOURS AVANT L'ATTENTAT.

Paris, le 30 décembre 1857.

MONSIEUR LE RÉDACTEUR,

Il y a longtemps que je ne suis venu frapper à votre porte pour vous demander une place dans votre estimable journal; mais vous avez traité avec tant de talent et un cœur si français la question de l'Inde, que je viens unir mes faibles efforts aux vôtres, pour dégager cette question des nuages au moyen desquels on cherche à l'obscurcir.

Une des grandes qualités du peuple anglais, c'est cet esprit de nationalité qui contribue si puissamment à le rendre fort.

Est-il possible qu'en France, ce pays d'honneur, nous renoncions si facilement à rester Français, pour endosser la livrée de l'Angleterre?

J'avoue que mon cœur se révolte à cette idée.

Revenons à la question des Indes.

Ces malheureuses populations ignorent la religion du pardon; et leurs oppresseurs ont plus songé à les opprimer, et à les dépouiller, qu'à les éclairer.

Quelle idée peuvent-elles se faire d'une religion toute d'intérêt, qui a semblé autoriser des actes de cruauté inouïe, et des vexations de tout genre, que la plus simple justice eût repoussés avec horreur?

Il n'est pas de supplices auxquels le protestantisme anglais n'ait soumis ces infortunés Indiens, pour découvrir leurs trésors; on leur a tout enlevé, jusqu'à leurs femmes; et l'on s'étonne qu'un jour, ils aient eu recours aux armes pour secouer un joug aussi odieux !

J'avoue que tout en déplorant les représailles qu'ils exercent, je ne puis m'empêcher de comprendre leur désespoir.

Partout où je vois des victimes, je verse des larmes sur leur sort; mais pourquoi ne plaindre que les victimes anglaises; et ne pas plaindre ces populations victimes depuis un siècle, et aujourd'hui sous le poids d'une guerre d'extermination?

Et ce sont des Français qui prennent fait et cause pour nos ennemis de tous les temps, contre ces malheureux Indiens qui regrettent encore notre passage et notre domination !

Sans doute, la nation anglaise est une grande nation; mais sa politique est perfide, hypocrite, perturbatrice, ingrate, égoïste et cruelle.

Si elle a besoin de vous, elle vous flatte, tout en cherchant sourdement à vous nuire.

Avec elle, on sera toujours dupe de ses bons procédés, comme de sa bonne foi; se fier à elle, ce serait agir en aveugle.

L'empereur Napoléon, relégué sur le rocher de Sainte-Hélène, en fournit un terrible et sinistre exemple.

L'Europe, tout intéressée qu'elle était à cet acte de sûreté publique, n'a pu s'empêcher de le blâmer.

Voyez la malheureuse Irlande, se levant comme un spectre décharné, pour accuser l'Angleterre. Suivez d'un œil de pitié toutes ses populations forcées de s'expatrier pour échapper à la misère, et à des vexations aussi odieuses que tyrannique

Tel est ce pays de liberté, le plus grand oppresseur qui existe pour qui ne partage pas son culte, et ne satisfait pas ses intérêts mercantiles !

Au moment où l'Inde semble échapper à l'Angleterre ; la voilà qui veut écraser et conquérir un peuple qui refuse de recevoir de sa main un poison dévastateur. Serait-il possible que nous pussions nous associer à cette œuvre d'iniquité ? Espérons que la sagesse du gouvernement français saura prendre les mesures nécessaires pour sauvegarder en Chine ses propres intérêts, sans venir aider à la plus criante injustice.

« Ce n'est pas sans motifs que l'on redoute l'Angle-
» terre, refuge des plus odieux conspirateurs, et à
» laquelle tout moyen paraît bon pour arriver à son but ;
» mais c'est surtout lorsqu'on la croirait amie, qu'elle
» serait à craindre. »

Depuis longtemps l'Angleterre convoite la Sicile ; et nous l'avons vue accuser injustement et avec rage un Roi, doué d'un noble caractère, dont l'amour de ses peuples est une réponse victorieuse à tant d'odieuses calomnies. Aujourd'hui que l'Angleterre, jalouse de notre gloire, nous suscite des ennemis, son langage est presque devenu amical pour ce roi qu'elle outrageait.

Disons-le, sans crainte d'être démenti ; toute l'Europe applaudirait à l'abaissement d'une puissance que l'on ne ménage que parce qu'on la redoute, dont le nom se trouve mêlé à toutes les révolutions du globe, et dont les trés allument partout l'incendie.

La justice éternelle se fait parfois longtemps attendre, mais elle n'en est après que plus terrible; et j'avoue que la position de l'Angleterre me semble bien plus menacée, qu'elle ne semble le croire.

Une crise effrayante pèse sur tous les peuples; mais nulle part cette crise ne me parait plus menaçante qu'en Angleterre; où de si nombreuses populations, réduites à la plus extrême misère, pourraient finir par manquer de patience.

L'aristocratie perd tous les jours de sa force; et avec elle disparaîtront la force et la prépondérance de l'Angleterre.

N'imitons pas ses spoliations; mais aussi cherchons tous les moyens de protéger, et d'étendre notre commerce, en lui offrant la possibilité de lutter avec cette puissance rivale.

Multiplions nos moyens de communication, nos comptoirs, nos débouchés dans tous les pays du monde, en songeant qu'un commerce florissant est la condition première de la grandeur et de la puissance d'une nation.

Soyons Français, restons Français; et puisons toutes nos inspirations dans les intérêts, dans les sentiments, et dans l'esprit public de la France.

Tel est le vœu d'un cœur qui ne bat que pour la patrie. Puisse ma voix être entendue, en portant à réfléchir quelques esprits plus égarés sans doute que vraiment coupables!

La Rochefoucauld, duc de Doudeauville.

LA
VÉRITÉ A TOUS.

Oui, à tous la vérité sans partialité comme sans crainte.

Sans doute les opinions sont libres ; mais ce qui n'est permis à personne, c'est de ne pas être Français.

Dieu me préserve de penser que l'intérêt entre pour quelque chose dans l'expression des sentiments !

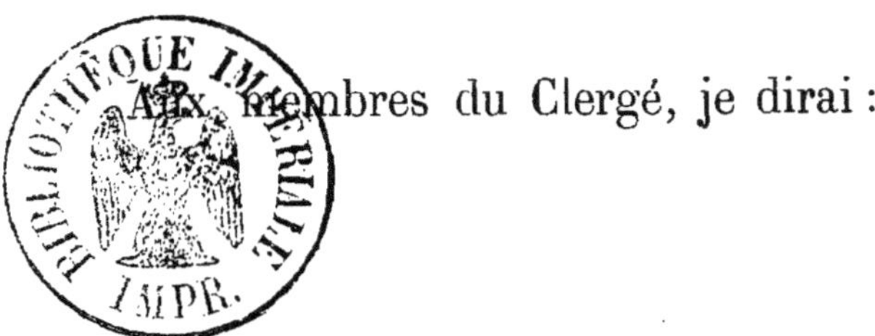

Aux membres du Clergé, je dirai :

Si vous voulez rendre la Religion populaire, et faire briller à tous les esprits les rayons de cette lumière céleste qui les éclaire en les dirigeant; restez Français, et soyez Gallicans.

Le Catholicisme est la religion de la France; et le Gallicanisme semble être une des conditions de son existence.

Les Bossuet, les Massillon, les Fénelon sont des exemples que vous pouvez suivre, sans craindre de vous égarer.

Je dirai à l'Armée:

Soumise à l'Autorité, et dévouée à la défense de l'ordre, mettez de côté toute rivalité; soyez toujours unie, française et victorieuse enfin, partout où vous planterez votre drapeau.

Aux serviteurs dévoués du Gouvernement actuel, je dirai tout d'abord:

Reconnaissez parmi les partis ceux qui offrent toute sécurité; ou bien ceux dont l'ambition n'admet aucun frein.

Mettez de côté tout sentiment jaloux; et qu'une pensée personnelle ne vous empêche pas de voir le salut de la France, là où il existe réellement.

Appelez pour s'opposer au désordre que l'on redoute, tous ceux qui ont intérêt à maintenir l'ordre. Songez que vous ne pouvez vaincre seuls l'anarchie.

Le repos de l'Europe tient à celui de la France.

Avouez ensuite que les Légitimistes se montrent avant tout par leur conduite, véritablement Français.

Ils peuvent avoir des regrets; mais c'est avec Dieu seul qu'ils s'entretiennent de leurs sentiments intimes; et pour rien au monde, ils ne troubleraient le repos de la patrie.

Il serait seulement à désirer, j'en conviens, qu'ils ne s'éloignassent pas des différentes fonctions administratives qu'ils peuvent exercer dans leurs départements. C'est le seul moyen d'y acquérir une influence utile.

Ce n'est pas tout de voir le danger ; il faudrait y appliquer le remède.

Les Orléanistes réduits à l'état de parti, semblent ne reculer devant aucune alliance pour arriver à leur but ; et si agiter la patrie leur paraissait un moyen, il est permis de se demander si cette crainte les arrêterait.

Le catholicisme les effraye. Aussi que d'efforts tentés de leur part pour rendre la France protestante ! Efforts impuissants : Dieu protége la France.

L'orléanisme est synonyme de révolution... Qui pourrait le nier ? Jamais il ne peut être un principe.

Avant de se séparer de nouveau d'un prince qui ne voudrait à aucun prix risquer d'agiter sa patrie, ils avaient cru devoir lui parler d'union et de dévouement; et si aujourd'hui leur ambition leur a fait changer de langage, et renoncer à leur serment de fidélité, du moins ont-ils toujours la même façon d'agir.

Je ne pense point que le Gouvernement actuel, qui a détrôné l'anarchie, soit disposé à leur céder sa place; et probablement il a dû prendre des mesures contre ceux qu'il doit regarder comme ses ennemis personnels.

Disons cependant, qu'il existe parmi les Orléanistes, des hommes de conscience et de bonne foi, qui ne rêvent que le salut de la patrie; et s'ils se trompent sur les moyens propres à l'assurer, du moins ne peut-on accuser leurs intentions.

Aux Anglo-Français, je dirai :

Revenez à la foi de vos pères ; et n'oubliez plus qu'à toutes les époques, l'Angleterre fut la rivale et l'ennemie parfois avouée, d'autres fois dissimulée, toujours active de cette belle France dont elle jalouse la grandeur et l'influence.

Aux Républicains de bonne foi, je dirai :

L'expérience a dû vous prouver que la république, impossible en France, y devenait toujours l'occasion des plus grands désordres... Renoncez-y dans l'intérêt du pays ; et reconnaissez que la forme monarchique avec des libertés sages, est la seule qui convienne à la France.

Faites mieux que nous si vous le pouvez ; mais rendez justice du moins à notre désintéressement, comme à notre amour pour nos concitoyens, quels que soient leur rang, leur position, et même leur opinion.

J'arrive aux Socialistes également adversaires de tous les partis, ennemis de tout pouvoir, ennemis de la société sur laquelle ils peuvent attirer tous les malheurs, ennemis enfin d'eux-mêmes, que tôt ou tard ils exposent à la juste vindicte des tribunaux, ou bien à une mitraille meurtrière.

Le pouvoir, dans quelques mains qu'il existe, a pour les anéantir un intérêt que partage la société ; et si jamais pour le malheur de tous, l'autorité pouvait advenir à un ambitieux sorti de leurs rangs, convaincu plus que personne de leur danger, jamais despote ne leur ferait sentir plus durement la pesanteur de son bras de fer, et la rigueur de ses lois.

L'espérance du pouvoir ou le désir de la richesse, n'importe acquise à quel prix, est la pensée qui domine individuellement tous les anarchistes.

Ennemis prétendus du despotisme, c'est à parvenir à l'autorité la plus despotique qu'ils aspirent.

A eux encore je dirai :

Frères, car nous le sommes tous *quand même*, en Jésus-Christ, c'est dans votre intérêt que je vous parle. Ne travaillez pas par une pensée infernale, à déchirer le sein de la mère patrie, et à amener votre propre destruction, par un triomphe éphémère qui serait forcément votre perte.

Vous auriez contre vous tous les gens d'ordre, n'importe à quelle opinion ils appartiennent; et le nombre en est trop considérable, pour ne pas gagner en définitive à vos dépens la bataille que vous livreriez à la société.

C'est en résumé votre propre cause que je plaide.

Montrez-vous généreux ; et immolez sur l'autel de la patrie, tous vos sentiments de haine et de jalousie. Soyez Français et Chrétiens, et ne cherchez sous aucun prétexte à bouleverser de nouveau cette patrie qui vous a donné le jour.

Puisse ce cri de la conscience ramener quelques esprits égarés, et porter dans vos rangs une conviction utile au salut commun !

C'est aussi un cri d'amour pour la France, et pour mes concitoyens.

LA ROCHEFOUCAULD, DUC DE DOUDEAUVILLE.

Paris, le 20 *février* 1858.

P. S. Si les classes pauvres et les ouvriers pouvaient connaître le nombre considérable d'œuvres de bienfaisance

créées en leur faveur, et dont s'occupent ceux qu'ils ap-
pellent *les riches*; peut-être se montreraient-ils moins
hostiles à ces derniers.

Si, chose impossible, on parvenait à anéantir toutes les
fortunes; il n'y aurait bientôt plus que des pauvres
mourant de faim, et expirant de misère.

Chaque révolution nouvelle faite au nom de la liberté
et d'une aisance promise imprudemment, aggrave forcément les douleurs et les souffrances de tous ces malheureux qu'exploite et abuse l'ambition personnelle.